LES TARIFS ANGLAIS

ET L'APPLICATION DU

RAILWAY AND CANAL TRAFFIC ACT DE 1888

PAR

ALFRED MANGE

Extrait du *Journal des Économistes*
Numéro de mai 1893

PARIS

LIBRAIRIE GUILLAUMIN ET Cⁱᵒ

Éditeurs de la Collection des principaux Économistes, du Journal des Économistes
Du Dictionnaire de l'Économie Politique,
Du Dictionnaire universel du Commerce et de la Navigation, etc.

RUE RICHELIEU, 14.

1893

LES TARIFS ANGLAIS

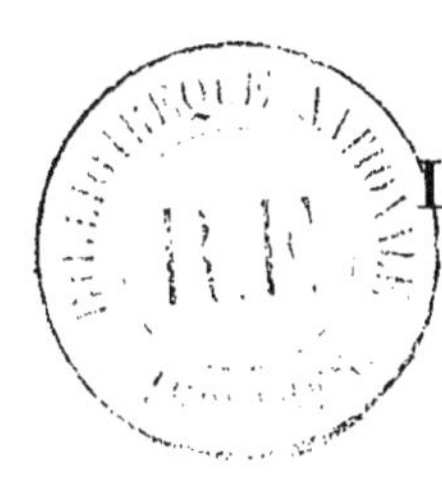

ET L'APPLICATION DU

RAILWAY AND CANAL TRAFFIC ACT DE 1888

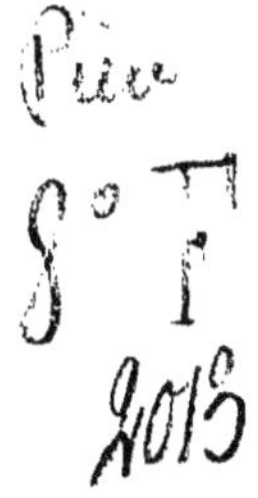

LES TARIFS ANGLAIS

ET L'APPLICATION DU

RAILWAY AND CANAL TRAFFIC ACT DE 1888

PAR

ALFRED MANGE

Extrait du *Journal des Économistes*
Numéro de mai 1893

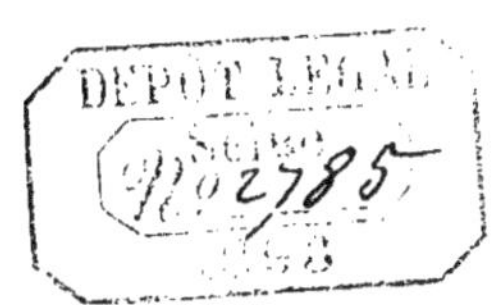

PARIS

LIBRAIRIE GUILLAUMIN ET Cie

Éditeurs de la Collection des principaux Économistes, du Journal des Économistes
Du Dictionnaire de l'Économie Politique,
Du Dictionnaire universel du Commerce et de la Navigation, etc.
RUE RICHELIEU, 14.

1893

LES TARIFS ANGLAIS

ET L'APPLICATION DU

RAILWAY AND CANAL TRAFFIC ACT DE 1888

Une des dispositions les plus importantes du Railway and Canal Traffic Act, édicté par le Parlement anglais en 1888, est celle de l'article 24, qui a prescrit la revision, dans un délai de deux ans, par les soins du Board of trade, de la classification des marchandises et des anciens tarifs maxima concédés aux Compagnies de chemins de fer. En France, cette prescription impérative n'a pas été sans soulever certaines controverses : d'aucuns ont cru voir dans le principe même de l'article 24 une sorte de mainmise de l'État sur les droits des Compagnies, au mépris des contrats antérieurs ; et ils ont estimé que cette mesure constituait non seulement un précédent bon à retenir, mais même un exemple utile à suivre de ce côté-ci de la Manche. Ces assertions un peu superficielles ne sont pas restées sans réponse[1] : il a été facile de démontrer qu'il n'y a aucun rapport entre le régime de nos chemins de fer et celui des voies ferrées du Royaume-Uni ; que dans ce pays, où les concessions sont perpétuelles, le Parlement s'est réservé, comme contre-partie, par une clause expresse inscrite dans tous les Acts de concession, le droit non seulement de reviser à toute époque les maxima primitivement autorisés, mais en outre, d'astreindre les Compagnies à toutes les dispositions d'ordre général qu'il croirait utile d'édicter dans l'avenir ; que dès lors, en usant de ce droit, fût-ce pour la première fois au bout de cinquante ans, il n'a violé aucun contrat, ni commis aucun excès de pouvoir.

Ces observations étaient si péremptoires, que de ce côté on peut considérer le débat comme clos. Mais une autre question, d'une portée d'ailleurs plus pratique, devait également attirer l'attention et provoquer deux avis opposés. Quel allait être, en fait, le résultat de la revision prescrite par l'article 24 ? Serait-ce simplement une satisfaction donnée aux réclamations qui s'étaient produites à différentes reprises au sujet des

---

[1] Citons, notamment, un article de M. Ch. Gomel, intitulé « Les pouvoirs du Parlement anglais sur les tarifs de chemins de fer », publié dans *l'Economiste français* (n° du 21 février 1891).

tarifs de faveur, des « préférences indues », des taxes « déraisonnables » ?
Serait-ce, en outre, l'uniformisation et l'abaissement général des tarifs,
comme ne craignaient pas de l'affirmer par avance les partisans d'une
certaine école ? *A priori*, cette dernière éventualité était douteuse, tout
au moins en ce qui concerne la réduction des tarifs. Le Rapport présenté en 1890 au Parlement par les délégués du Board of trade, lord
Balfour et sir Courtenay Boyle, à l'effet de soumettre à la sanction
législative la classification et les maxima à imposer au Great Western,
dit explicitement que les nouveaux maxima doivent être basés « sur les
taxes actuellement en vigueur, avec une marge raisonnable pour parer
aux circonstances exceptionnelles ». L'application de ce principe ne
pouvait pas avoir pour conséquence l'abaissement général des prix effectivement perçus; tout au plus était-elle susceptible de faire disparaître
quelques taxes demeurées exceptionnellement élevées sur certains par-
cours, et qui constituaient par cela même des inégalités « indues ».

Les renseignements que nous possédons aujourd'hui sur les nouveaux tarifs et sur les premiers effets de leur application confirment
pleinement l'appréciation qui précède; ils permettent, en outre, de porter un jugement sur les résultats de la réforme et sur la façon dont
elle a été accueillie du public. Nous croyons donc intéressant de les
faire connaître.

Il n'est pas inutile de rappeler tout d'abord comment s'est effectuée
la revision prescrite par l'Act de 1888 et quelle tâche laborieuse elle a
imposée au Board of trade et aux Compagnies. Dans le délai de deux
ans fixé par la loi en question, le Board of trade a examiné 4.000 observations provenant de 1.500 intéressés; une enquête publique a été
ouverte pendant soixante-treize jours à Londres, huit à Édimbourg et
quatre à Dublin, au cours de laquelle la Commission a entendu 211 dé-
posants, examiné 2.256 tableaux de prix et fait un Rapport de près de
4.000 pages. Après avoir provoqué et entendu les observations des Compagnies, le Board of trade a présenté au Parlement, successivement pour
chacune d'elles, des projets de classification et de tarifs maxima qui ont
été examinés par une Commission composée de membres des deux
Chambres et finalement promulgués par une série d'acts datés de 1891
et 1892, pour entrer en vigueur au 1er janvier 1893. Les Compagnies
ont eu ensuite à reviser leurs tarifs en considération de la nouvelle classification et des nouveaux maxima qui leur étaient imposés, et ce travail
considérable n'a été terminé qu'à grand'peine dans le délai indiqué
ci-dessus.

Bien entendu, la classification et les échelles de maxima fixées par le
Parlement ont été publiées; mais elles ne constituent qu'une limite
supérieure au-dessous de laquelle les Compagnies ont toute liberté de

se mouvoir; et n'ont par suite qu'une influence très restreinte sur la plupart des prix effectifs, qui ne sont, eux, l'objet d'aucune publication d'ensemble et qui sont simplement indiqués aux commerçants, dans chaque gare, pour les transports qui les concernent. Dans ces conditions, la connaissance préalable des nouveaux tarifs et de leur mode de constitution a échappé au public, qui non seulement n'a pu se rendre compte à l'avance des modifications qui l'intéressaient, mais même a dû faire dans certains cas, comme nous le verrons, la désagréable expérience de relèvements contre lesquels il n'avait pu ni se prémunir, ni protester en temps utile.

Le commerce anglais s'était ému par avance de cette situation, et dès le 4 novembre dernier une délégation des Chambres de commerce du Lancashire et du Cheshire avait pris l'initiative d'une démarche auprès du Board of trade pour réclamer son intervention et obtenir la publication des tarifs.

Les considérations développées par le président de la délégation, sir John Harwood, lord-maire de Oldham, à l'appui de cette requête, étaient les suivantes : Aux termes de l'art. 33, § 6 du Railway and Canal Traffic Act de 1888, toute Compagnie qui veut opérer un relèvement dans les tarifs de transport ou de frais accessoires doit en donner avis au public quinze jours à l'avance, de la manière prescrite par le Board of trade. Il importait en premier lieu que cette disposition réglementaire fût exactement observée à l'égard des nouveaux tarifs qui allaient voir le jour. De plus, il était d'un extrême intérêt pour le public que cette mesure fût étendue à toutes les autres modifications de prix qui allaient se produire à cette occasion, et ce résultat pouvait être obtenu, semblait-t-il, d'une façon très simple : les taxes principales et les frais accessoires entrant dans la composition des nouveaux prix ayant dû être calculés d'après des bases déterminées, il suffisait de publier celles-ci pour renseigner complètement et très simplement le public. Enfin, il était désirable que les Compagnies fissent connaître également les prix spéciaux et exceptionnels existant en dehors des tarifs ordinaires de classes. Sir John Harwood observait en terminant que les mêmes renseignements sont publiés dans plusieurs pays étrangers, notamment en Belgique et en France, tandis qu'en Angleterre, les Compagnies les fournissent au Clearing-house, mais les dissimulent soigneusement au public. Les commerçants anglais ne faisaient donc en définitive que réclamer pour eux-mêmes les facilités déjà accordées dans d'autres pays.

Les Compagnies, qui étaient également représentées à la conférence par les directeurs des plus importantes d'entre elles, firent connaître au Board of trade les raisons qui s'opposaient à ce que satisfaction fût donnée au désir des Chambres de commerce. Les observations présentées à ce sujet par les directeurs et principalement par celui du North Western, le regretté sir Georges Findlay, méritent d'être analysées avec quelque détail, d'abord parce qu'elles donnent des renseignements instructifs sur les nouveaux prix, et surtout parce qu'elles constituent une importante déclaration de principes en matière de tarification.

Sir Findlay et ses collègues firent remarquer tout d'abord que les nouveaux tarifs contiennent des millions de prix, dont la préparation a donné lieu à un travail énorme ; rien que pour le North Western, 100 à 150 employés s'y sont consacrés sans relâche ; au Great Western, en outre de 68 personnes employées exclusivement à cette besogne, 562 autres y ont travaillé tous les soirs après les heures ordinaires de service ; il en a été relativement de même dans toutes les autres Compagnies, et cependant le travail n'a pu être que difficilement terminé dans les délais fixés par le Board of trade. Dans ces conditions, on ne pourrait songer à publier, à l'avance, les nouveaux prix de station à station ; d'ailleurs, une telle publication serait matériellement impossible, tout au moins dans des conditions pratiques : il y aurait à rassembler ainsi près de 100 millions de taxes, dont un grand nombre sont sans intérêt, n'étant pas utilisées. Pour la seule Compagnie du North Western, une telle publication représenterait près de 30.000 fascicules. L'Act de 1888 n'exige d'ailleurs cette publicité que pour les relèvements de prix, et, dans ce cas, d'après l'arrêté du Board of trade en date du 25 janvier 1889, elle s'effectue par voie de publication dans les journaux et d'affichage dans les stations. Mais cette disposition ne pourrait être appliquée aux relèvements contenus dans les nouveaux tarifs, en raison de la manière dont ceux-ci ont été établis. A ce sujet, les Directeurs fournirent les explications suivantes : Les Compagnies sont autorisées à percevoir, d'après une échelle fixée par le Parlement, certains prix maxima pour le transport et pour les opérations de chargement, déchargement, camionnage et autres. Elles ne peuvent excéder ces limites, mais cette restriction observée, elles déterminent les taxes effectives d'une façon exclusivement pratique. D'une manière générale, elles se sont attachées, dans le présent cas, à respecter la nouvelle échelle de prix réglementaire tout en ne modifiant autant que possible ni dans un sens ni dans l'autre les prix appliqués précédemment. C'est ainsi que pour tous les points soumis à une concurrence, soit au point de vue du transport (par chemin de fer, par mer ou par canal), soit au point de vue des marchés, les nouveaux prix sont la plupart ce qu'ils étaient auparavant. Bien que l'on ait beaucoup critiqué le principe formulé par sir James Grierson, à savoir qu'un tarif doit être fixé selon « ce que le trafic peut supporter », c'est ce principe qui a servi de guide dans l'établissement des prix, et partout où l'on s'est trouvé en présence d'un trafic existant, capable de supporter un certain tarif compatible avec la nouvelle échelle réglementaire, on n'a pas jugé à propos d'apporter une modification quelconque dans ce tarif. Néanmoins, bien qu'il y ait en somme peu de changement en ce qui concerne les prix totaux payés par le public, ces prix peuvent cependant comporter un relèvement à certains égards : par exemple, si la part de frais accessoires entrant dans la composition de l'un d'eux a été diminuée pour satisfaire aux nouveaux maxima, la part correspondant au transport se trouve augmentée, ou inversement. On conçoit dès lors qu'il soit impraticable de publier tous ces relèvements partiels.

Quant à satisfaire à la demande de la délégation tendant à publier les bases des tarifs, c'est impossible pour la raison que ces bases, telles qu'on les entend, n'existent pas. Les prix appliqués dépendent d'une foule de circonstances, par exemple, de la situation de la localité considérée par rapport à un moyen de transport concurrent, ou de sa position géographique par rapport à d'autres places de commerce ; ou encore d'autres motifs qui font que l'application pure et simple de la taxe maxima arrêterait toute transaction. La détermination des tarifs n'est pas une question de formules, mais une question d'appréciation et de sentiment dont la solution incombe à l'expérience des directeurs du trafic qui savent, et dont l'affaire est de savoir dans quelles conditions les commerçants des autres villes peuvent atteindre chaque place par terre ou par eau et y exercer avec succès la concurrence. Quant à soumettre les transports à des règles uniformes, c'est-à-dire en pratique à une taxe kilométrique fixe, ou même variable selon quelque principe que ce soit, ainsi qu'à des frais accessoires identiques dans toutes circonstances, c'est absolument inapplicable au trafic des chemins de fer anglais. D'ailleurs, aucune obligation de ce genre ne résulte des Acts du Parlement : ce dont les Compagnies sont tenues, c'est de ne pas excéder les maxima imposés ; si elles sont soupçonnées de le faire, le commerçant est en droit de demander qu'on lui analyse la taxe suspecte et qu'on lui montre de de quels éléments elle est constituée ; au surplus, il connaît dans chaque cas le prix et la distance, et a à sa disposition l'échelle de maxima et la classification réglementaires ; il peut donc se rendre compte si les maxima sont dépassés ou non.

En ce qui concerne les prix spéciaux, il est vrai que d'après le § 32 de l'Act de 1888 ces prix doivent être soumis au Board of trade ; mais cette disposition n'a jamais été appliquée dans le sens littéral : elle signifie simplement que le Board of trade a tout pouvoir pour obtenir les renseignements et informations concernant ces prix, mais l'exécution littérale de la prescription de l'Act serait un obstacle au trafic. On ne voit pas quel avantage le commerçant aurait à ce que les Compagnies fussent obligées de soumettre au Board of trade la question d'une taxe d'embarquement avant de la mettre en pratique, lorsqu'elle doit constituer une réduction sur les anciens prix. Lorsqu'il se présente une source de transports, elle est l'objet d'une discussion de la part des chefs du trafic, et si elle présente de l'importance, un arrangement est fait avec les autres Compagnies, de manière à accorder un prix réduit. Si l'on descend au-dessous du prix minimum appliqué jusqu'àlors, le Board of trade doit bien savoir que l'on agit dans l'intérêt du commerce général et dans celui des commerçants, et il n'a réellement aucun droit de veto dans l'espèce, ni aucun pouvoir de défendre à une Compagnie de transporter les marchandises pour rien s'il lui convient de le faire. Quels que soient les principes selon lesquels une administration d'État dirige ses affaires, elle est omnipotente, elle a tout pouvoir dans l'étendue de son réseau, et c'est là une considération importante. En Angleterre, il n'y a pas de réseau d'État ; il y a douze ou quinze Compagnies dont les intérêts ne sont pas identiques, qui n'agissent pas suivant un plan uniforme et qui sont, au contraire, en compétition aussi ardente que possible les unes avec les autres. On doit donc comprendre qu'il est impossible de condenser en quelques formules les méthodes appropriées à une situation aussi complexe.

Pour conclure, les représentants des Compagnies déclarèrent qu'il ne pouvait être fait droit à aucune des demandes formulées par la délégation des Chambres de commerce. La seule solution pratique, d'après eux, était de publier quinze jours à l'avance un avis informant le public qu'à partir du 1er janvier les prix de transport allaient être modifiés dans leur ensemble, et que chaque commerçant aurait connaissance à la gare de sa localité des prix et des renseignements qui le concernent.

On conçoit qu'entre les deux décisions radicalement opposées qu'on offrait à son choix, l'honorable secrétaire du Board of trade, sir Courtenay Boyle, se soit trouvé assez embarrassé ; sa réponse à la délégation en témoigne : tout en protestant de son désir de donner aux commerçants les plus complètes informations possibles, il déclara qu'il était forcé de tenir compte des difficultés matérielles que cela présentait en cette circonstance. L'Act de 1888 obligeait effectivement les Compagnies à publier a l'avance les relèvements de tarifs ; il espérait pour sa part qu'ils ne seraient pas nombreux, et qu'on constaterait au contraire beaucoup de diminutions ; mais la loi ne lui donnait aucun pouvoir pour exiger la publication de celles-ci. D'un autre côté, on ne pouvait admettre, et il ne pensait pas que les commerçants demandassent que les 60.000 fascicules, ou un nombre approchant, contenant les prix de station à station, fussent déposés au Board of trade, ce qui nécessiterait d'ailleurs une armée d'employés pour les tenir constamment à jour.

Enfin, il devait reconnaître avec les Compagnies qu'on ne pouvait songer à publier dans les journaux les relèvements de toute nature qui allaient surgir dans les prix perçus d'un bout à l'autre du royaume; et qu'il serait encore plus déraisonnable d'exiger que la totalité des prix fussent publiés pour en permettre l'examen. Néanmoins, il se proposait d'entrer en pourparlers avec les représentants des Compagnies pour voir ce qu'il était possible de faire dans l'intérêt du commerce.

Ces pourparlers, qui ont duré près d'un mois, aboutirent à la décision suivante rendue par le Board of trade :

« L'arrêté du 25 janvier 1889, relatif à la publication préalable des relèvements de tarifs, ne sera pas appliqué aux modifications de prix qui entreront en vigueur au 1er janvier prochain sur les réseaux des Compagnies de chemins de fer visées par les acts de 1891 et de 1892. Mais chaque Compagnie devra donner, quinze jours au moins avant le 1er janvier 1893, avis de ces modifications de la manière suivante :

« 1° Par un avertissement publié dans un journal, au moins, de la région desservie par le chemin de fer, ainsi que dans la « London Gazette »;

« 2° Par une affiche, imprimée en gros caractères, apposée dans au moins deux endroits apparents de chaque gare de voyageurs et de marchandises.

« L'avertissement et l'affiche mentionneront :

« *a*) Que la modification des taxes de transport et des frais accessoires aura son effet à partir du 1er janvier 1893;

« *b*) Que les livrets seront tenus prêts à dater du 16 décembre 1892 et placés dans chaque station, wharf ou bureau, à l'endroit désigné dans l'Avis; ces livrets indiqueront les nouveaux prix appliqués au départ de la station, du wharf ou du bureau considéré pour toutes les localités à destination desquelles les marchandises sont enregistrées de ce point de départ; ils seront ouverts et accessibles *bona fide* au public à toute heure raisonnable, sans aucun déboursé ;

« *c*) Que dans le cas où le Board of trade ferait savoir à la Compagnie qu'il est nécessaire de mettre à la disposition du public, dans une station déterminée, plus d'un exemplaire des livrets en question, ou d'une partie d'entre eux, un duplicata ou, s'il y a lieu, un extrait de ces livrets sera immédiatement adjoint.

« Comme corollaire, le Board of trade décide qu'aucune publication préalable ne sera exigée pour les additions ou modifications faites aux livrets de tarifs pendant les mois de janvier et février 1893 ; après quoi, les dispositions de l'arrêté du 25 janvier 1889 reprendront leur vigueur. »

Il fut, en outre, admis par les Compagnies, sur la demande du Board of trade, que des feuillets détachés des livrets de tarifs pourraient être obtenus par les commerçants moyennant un prix raisonnable, et que les Compagnies se tiendraient en mesure de fournir à chacun, sur sa demande écrite, l'extrait des livrets concernant telle station et telle espèce de transport qui seraient indiquées.

Rapproché de la demande qui l'a fait naître et de la discussion qui l'a précédé, l'arrêt qu'on vient de lire a une signification importante. Non seulement il n'a modifié en rien les pratiques antérieures des Compagnies, qui consistaient à ne donner connaissance des tarifs au public que dans les bureaux des gares et seulement pour les marchandises qu'on y remet ; non seulement il a consacré par son silence le droit des Compagnies de ne pas soumettre leur tarifs à l'examen du Board of trade, mais encore il a exempté les nouveaux tarifs des prescriptions de l'Act de 1888 relatives à la publication préalable des relèvements.

Le public français, qui est accoutumé à voir chez lui la moindre modification de prix soumise aux formalités les plus minutieuses d'homologation et de publicité (lesquelles n'ont reçu aucune atténuation lors de la refonte générale des tarifs effectuée en 1887), peut donc se rendre compte par ce qui précède que le nouveau régime anglais impose aux Compagnies de chemins de fer, en matière de tarifs, infiniment moins de mesures de restriction et de contrôle que le nôtre.

Il n'est pas moins intéressant de constater que le mutisme de la décision du Board of trade à l'égard des bases kilométriques des tarifs, dont le commerce réclamait la publication, confirme la déclaration hardiment faite par les directeurs des Compagnies que de telles bases n'existent pas. On peut donc affirmer que pas plus après qu'avant l'application du Railway and Canal Traffic Act, il n'y a en Angleterre de tarifs uniformes, ni même pour ainsi dire de tarifs kilométriques tels qu'ils existent chez nous ; il n'y a, à côté de maxima le plus souvent inutiles, que des prix de gare à gare résultant de la libre application de principes exclusivement commerciaux.

Ces points mis en lumière, il reste à examiner une autre question importante : que sont, dans leur ensemble, les nouveaux tarifs par rapport aux anciens ? Les déclarations, précédemment analysées, des directeurs des principales Compagnies, donneraient à penser qu'en définitive il y a eu peu de changement dans les prix effectifs, et que si la réforme n'a pas été pour le commerce anglais une source de réductions notables dans les tarifs de transport, elle n'a pas été non plus l'occasion de relèvements susceptibles de porter atteinte aux situations acquises. Mais ce sentiment n'a pas été, semble-t-il, celui du public, car les nouveaux tarifs avaient à peine commencé à être appliqués que de tous côtés les plaintes se sont fait entendre. On a accusé les Compagnies d'avoir profité du remaniement des tarifs pour en relever un grand nombre et d'avoir accompli la réforme beaucoup plus à leur propre avantage qu'à celui du public. Les intéressés ont porté tout d'abord leurs doléances au Board of trade, qui les a transmises aux Compagnies de chemins de fer [1]. Craignant de n'obtenir par cette voie qu'une satisfaction imparfaite, les commerçants ont créé dans tout le pays un vif courant d'opinion contre les nouveaux tarifs; les meetings, les députations au Board of trade et les interpellations à la Chambre des communes se sont succédé sans relâche pendant les deux premiers mois de l'année. On a même été jusqu'à proposer comme remède le vote d'un nouvel Act étendant les pouvoirs du Board of trade de manière à lui conférer un droit de juridiction en cas de plainte ou de désaccord sur la fixation de certaines taxes, solution qui ne tendait à

---

[1] Voici les principaux passages de la lettre adressée, à ce sujet, aux Compagnies, par sir Courtenay Boyle, le 4 janvier dernier :

« Je suis chargé d'informer l'Association des Compagnies de chemins de fer qu'un grand nombre de plaintes sont parvenues au Board of trade au sujet d'augmentations introduites dans les nouveaux tarifs adoptés par les Compagnies. Quantité de réclamations émanant de membres du Parlement et d'autres intéressés ont été reçues de différents points du territoire, notamment sur les tarifs applicables au transport du lait, du grain, du foin et d'autres produits agricoles, ainsi que du bois à brûler, du charbon, du coke, du fer et de la porcelaine.

« Le Board of trade n'ignore pas quel gros travail comportait la préparation des nouveaux livrets de tarifs et quelles difficultés soulevait la revision de plusieurs millions de taxes, dont beaucoup communes à plusieurs réseaux à la fois ; il sait que les Acts qui ont fixé les nouveaux maxima impliquent, dans beaucoup de cas, non seulement une diminution des pouvoirs dont jouissaient autrefois les Compagnies, mais encore une réduction de beaucoup de prix importants, déjà inférieurs aux anciens maxima. Mais il est possible que les agents employés par les Compagnies à l'établissement des nouveaux tarifs aient cherché à compenser ces pertes en relevant certains autres prix pour lesquels, dans leur opinion, une augmentation semblait raisonnable et justifiée.

« Le Board of trade n'a pas pu vérifier les plaintes qui lui sont parvenues, ni la façon dont les anciens tarifs ont été comparés aux nouveaux par les plaignants. Mais l'Association des Compagnies ne doit pas ignorer que si les relèvements en question sont trop multipliés, ou trop sensibles dans leur effet, on doit s'attendre à ce qu'il se produise un profond sentiment de mécontentement parmi les négociants et les associations commerciales du pays.

« Je viens donc demander à l'Association de faire connaître son sentiment sur la question, et notamment sur le point de savoir si les prix inscrits présentement dans les livrets sont l'expression définitive des intentions des Compagnies touchant les nouveaux tarifs, ou si l'on peut compter à bref délai sur un nouvel examen des conditions qui ont motivé l'établissement de ces prix. »

rien moins qu'à modifier et, par suite, à remettre en question le Railway and Canal Traffic Act lui-même, et cela au moment où, après cinq ans de laborieux efforts, il vient enfin de recevoir son application !

De leur côté, les Compagnies se sont défendues d'avoir voulu bénéficier en quoi que ce fût de la réforme, qu'elles ont représentée au contraire comme devant leur être très préjudiciable [1] ; à l'appui de ce dire, elles ont fait remarquer que la première période d'application des nouveaux tarifs avait amené une diminution considérable dans leurs recettes

---

[1] Les Compagnies ont répondu à la communication du Board of trade par deux lettres en date des 7 et 24 janvier, dont voici les principaux extraits :

Lettre du 7 janvier. — « Les taxes qui figurent actuellement dans nos livrets de tarifs ne doivent pas être considérées comme nécessairement définitives, et toute taxe qui donnera lieu à des observations sérieuses sera l'objet d'un nouvel examen.

« Les Compagnies ont dû accomplir leur revision dans un délai très court, et, en vue de satisfaire aux prescriptions législatives, elles ont été forcées, contrairement à leur propre désir, de simplifier le travail en supprimant un grand nombre de tarifs spéciaux, et de laisser ainsi, du moins provisoirement, certaines catégories de marchandises soumises aux seuls tarifs de classes.

« C'est là le motif de la plupart des plaintes présentées au Board of trade. Mais il est, et a toujours été, dans l'intention des Compagnies, une fois les tarifs de classes promulgués, d'établir des tarifs spéciaux chaque fois qu'ils répondront à une demande raisonnable, et cela dans le plus bref délai possible.

« Les Compagnies ont constaté avec regret que la revision de leurs tarifs avait eu pour conséquence de jeter un trouble considérable dans les relations d'affaires qu'elles entretenaient avec leur clientèle et qui étaient basées sur une expérience de cinquante années. Elles ont à cœur de calmer ce trouble dans la mesure du possible, et, à cet effet l'Association a nommé un Comité de directeurs pour entrer en communication avec les négociants et discuter avec eux les griefs auxquels peuvent avoir donné lieu les nouveaux tarifs. Quand la revision sera complètement terminée, les Compagnies estiment qu'elle ne pourra pas motiver « un profond sentiment de mécontentement parmi les négociants du pays ». On devait s'attendre à ce que l'attention fût appelée sur les relèvements de tarifs, et c'est ce qui s'est produit ; mais, par contre, les réductions ont, apparemment, passé inaperçues ».

Lettre du 24 janvier. — « Les Compagnies estiment que le mode de procéder indiqué dans la lettre du 7 janvier permettra de faire cesser rapidement toute réclamation légitime. Toutefois, elles ne sont pas disposées à admettre que la revision des tarifs résultant des Acts récents ne doive se traduire que par des réductions de prix, sans accompagnement de certaines augmentations raisonnables permettant de compenser une partie des pertes subies. Mais elles peuvent donner au Board of trade l'assurance que ce n'est ni leur intention, ni leur intérêt de maintenir des tarifs susceptibles de porter préjudice au trafic du pays ».

brutes [1]. Elles n'ont pas contesté, cependant, que certains des nouveaux tarifs comportassent des relèvements, mais elles en ont donné les justifications suivantes : d'une part, dans la hâte avec laquelle le travail de revision a dû être effectué ; pour rester dans les délais, on a été conduit par manière de simplification à supprimer un certain nombre de prix spéciaux qui étaient plus réduits que les tarifs de classes ; ces prix seront rétablis par la suite, au fur et à mesure que l'utilité en aura été reconnue. En second lieu, les Compagnies ont été obligées, ainsi que le Board of trade l'a reconnu lui-même, d'abaisser une grande quantité de prix pour se conformer aux nouveaux maxima législatifs ; cette mesure devant entraîner pour elles une perte importante, qu'elles n'avaient ni l'obligation, ni la possibilité de subir, elles se sont vues dans la nécessité de la compenser dans une certaine mesure par des augmentations modérées et admissibles sur d'autres prix ; en aucun cas, ces relèvements n'ont dépassé 5 0/0. Elles ont fait observer à ce sujet que, ainsi que cela a toujours lieu en pareil cas, les intéressés ont fait beaucoup de bruit à propos des relèvements qu'ils ont pu constater, mais que les réductions ont été soigneusement passées sous silence. Les Compagnies se sont d'ailleurs mises avec empressement à la disposition du Board of trade et du public pour examiner les plaintes et leur donner satisfaction dans la mesure du possible. Au 18 mars dernier, 835 réclamations avaient été adressées aux Compagnies par l'intermédiaire du Board of trade ; un grand nombre ont reçu satisfaction par le rétablissement pur et simple des prix perçus antérieurement au 31 décembre ; l'examen des autres difficultés se poursuit rapidement, et il y a tout lieu de croire que l'agitation soulevée au début de l'année par la question des tarifs ne tardera pas à se calmer [2].

Quel a été, en définitive, le résultat de ce bouleversement colossal, qui est en train depuis cinq ans, qui a mis en mouvement tous les res-

---

[1] Dans le premier trimestre de l'année (du 1er janvier au 2 avril 1893), la recette totale des marchandises est, pour l'ensemble des principales Compagnies anglaises, en diminution de 8.250.000 fr. sur la période correspondante de 1892.

[2] Néanmoins, au risque d'éterniser le débat, le Parlement a jugé à propos de nommer, dans la séance du 16 mai dernier, une Commission de 19 membres avec mission de « rechercher de quelle façon les Compagnies ont exercé les pouvoirs conférés par les Acts de 1891 et 1892 ; examiner s'il est désirable d'adopter un nouveau mode de résoudre les différends qui s'élèvent entre les Compagnies et le public au sujet des tarifs, et indiquer les moyens à employer dans ce but. » On voit qu'on n'est pas près d'en finir avec cette question.

sorts du Royaume, coûté tant de travail et de peine, suscité tant de difficultés et de plaintes? Ce n'est, nous l'avons vu, ni l'uniformisation des
tarifs, ni l'extension de leur publicité, ni la modification des principes
qui les régissaient autrefois, sauf en ce qui concerne les « préférences
indues ». Ce n'est pas davantage la réduction générale des taxes de transport, puisque l'abaissement obligé de certains tarifs a eu sa contre-partie
dans l'élévation de certains autres et que, dans bien des cas, le public
s'est trouvé heureux d'obtenir le retour aux anciens prix. L'œuvre entre-
prise par le Parlement et la tàche laborieuse et ingrate accomplie par
le Board of trade semblent avoir été, sinon tout-à-fait stériles, du moins
infiniment peu fécondes : c'est, une fois de plus, la montagne qui accou-
che d'une souris. Par contre, quel trouble apporté dans les relations commerciales par le bouleversement général des tarifs ! Que de difficultés
et de recherches pour le négociant qui était familiarisé par une longue
pratique avec les anciens prix et qui se voit de nouveau plongé dans
l'inconnu ! Que de pertes de temps et d'efforts avant qu'il puisse, avec
les moyens restreints d'information dont il dispose, constater les relèvements qui lui sont préjudiciables ou les réductions qui favorisent ses
concurrents, exposer ses griefs et obtenir satisfaction ! Aussi, à en juger
par les réclamations et les plaintes qui surgissent aujourd'hui, on peut
admettre que si avant sa réalisation la réforme n'a eu que les Compa-
pagnies pour adversaires, il n'en est pas de même depuis, et qu'actuellement les commerçants anglais se demandent s'ils n'ont pas plutôt
perdu que gagné à l'application du Railway and Canal Trafic Act. En
somme, cet essai d'intervention législative dans un domaine dévolu
jusque-là à l'initiative privée n'a pas été heureux [1]. Ne devait-on pas
s'y attendre ? Pouvait-on penser que la question si délicate et complexe
des tarifs pourrait être convenablement résolue par le texte inflexible
d'une loi, et que des législateurs, fussent-ils animés des meilleures intentions, feraient en quelques séances, mieux que les intéressés eux-
mêmes, commerçants et Compagnies, dans des relations de cinquante
années ?

---

[1] Un récent article du *Times* contient l'appréciation suivante : « Il est à
espérer que le Parlement, qui a fait, suivant l'expression d'une personnalité
distinguée, un « lamentable et ridicule fiasco » dans sa dernière intervention
relative aux tarifs, écoutera les léçons de l'expérience avant de se lancer
plus avant dans une législation de ce genre. Si l'on avait fait ainsi il y a
quelques années, on ne nous aurait pas mis dans l'embarras où nous sommes.
Quiconque est au courant du sujet, n'a jamais cru que la question des
tarifs pût être résolue par la revision des maxima statutaires ».

Paris.— Typographie A. DAVY, 52, rue Madame.— *Téléphone.*